# O sabedor

Gabriel Lebre

# O sabedor

2022

Copyright © 2022 Gabriel Lebre
1ª Edição

**Direção editorial**
José Roberto Marinho

**Projeto gráfico**
Fabrício Ribeiro

**Capa**
Fabrício Ribeiro

Edição revisada segundo o Novo Acordo Ortográfico da Língua Portuguesa

Dados Internacionais de Catalogação na Publicação (CIP)
(Câmara Brasileira do Livro, SP, Brasil)

---

Lebre, Gabriel
O sabedor / Gabriel Lebre. – São Paulo, SP : Livraria da Física, 2022.

Bibliografia
ISBN 978-65-5563-252-1

1. Autoconhecimento 2. Desenvolvimento pessoal 3. Experiência de vida 4. Religiosidade 5. Serenidade I. Título.

---

22-126180 CDD-158

Índices para catálogo sistemático:
1. Autoconhecimento: Crescimento pessoal: Conduta de vida: Psicologia 158.1

Eliete Marques da Silva - Bibliotecária - CRB-8/9380

Todos os direitos reservados. Nenhuma parte desta obra poderá ser reproduzida sejam quais forem os meios empregados sem a permissão da Editora.
Aos infratores aplicam-se as sanções previstas nos artigos 102, 104, 106 e 107 da Lei Nº 9.610, de 19 de fevereiro de 1998

**LF**
EDITORIAL

Editora Livraria da Física
www.livrariadafisica.com.br

# PROMETA A SI MESMO

Ser forte de maneira que nada possa perturbar a sua paz de espírito.

Falar de saúde, felicidade e prosperidade a toda pessoa que encontrar.

Fazer os seus amigos sentirem que há alguma coisa de superior dentro deles.

Olhar para o lado glorioso de todas as coisas e fazer com que o seu otimismo se torne uma realidade.

Pensar sempre no melhor, trabalhar sempre pelo melhor e esperar somente o melhor.

Esquecer os erros do passado e preparar-se para melhores realizações no futuro.

Ter tanto entusiasmo e interesse pelo sucesso alheio como pelo próprio.

Dedicar tanto tempo ao próprio aperfeiçoamento que não lhe sobre tempo para criticar os outros.

# 6

Ser grande na contrariedade, nobre na cólera, forte no temor e receber alegremente a provação.

Fazer um bom juízo de si mesmo e proclamar esse fato ao mundo, não em altas vozes, mas em grandes feitos.

Viver na certeza de que o mundo estará ao seu lado, enquanto lhe dedicar o que há de melhor dentro de si mesmo.

Christian Daa Larson.

# AGRADECIMENTOS

Agradeço ao Sr. Roberto e ao Sr. Carvalho por terem me motivado com sua simplicidade e entusiasmo.

O Mundo é muito vasto, a universidade também; obrigado por particularizarem o meu Universo nesses últimos cinco anos.

Se alguma forma houver, preserve a sua inocência pelo máximo de tempo que puder.

# PREFÁCIO

Aviso: não leia esse livro se você não estiver preparado; o conhecimento adquirido deveria levar à serenidade, porém, no caso de falta de preparo, pode levar à loucura.

O Grande Mestre disse uma vez que a quem muito foi dado, muito será cobrado. A vida irá cobrar o seu preço pela obtenção do conhecimento.

Um conselho: permanecer na ignorância.

Sabendo que vivemos em um mundo de incertezas, no qual estamos pelados, voltando ao aviso, pergunto-vos: "Mas o que é a serenidade nesse mundo, senão a outra face da moeda da loucura?"

O AUTOR

# PRÓLOGO

Ele não sabia em qual momento da vida tinha se tornado tão sensível. Tinha mais medos e menos certezas, porém, paradoxalmente, sem saber explicar, estava mais satisfeito agora.

Ele sabia, apesar de não ter filhos, que existem coisas pelas quais deveria deixar os filhos passarem; por mais que o sentimento do "eu vou te proteger", do "você não precisa disso", do "eu faço por você", seja forte, é passando pelas coisas que os filhos se fortalecem, ganham confiança, escrevem a sua própria história.

Ele sabia que a estabilidade, almejada por muitos, era contrária à essência da Natureza, contra a essência do Universo. A entropia parece sempre aumentar.

Sem o caos, sem as diferenças, sem os gradientes, não pode haver vida. Aqui está a contribuição da Física para a sociedade: um apelo contra a estabilidade, contra a ausência de diferenças.

Ele sabia que viver das palavras era muito custoso; a inspiração sempre aparecia sem avisar. Ter papel e caneta sempre à mão parecia ser uma urgência.

Ele sabia que ela viera para mudar a sua vida. Repentinamente passou a fazer tudo por ela e tudo para ela. Pode-se afirmar que, até mesmo as palavras, eram uma forma de garantir o sustento dela.

**16**

Ele sabia que ganhar a vida com palavras era uma possibilidade, mas, mesmo que um dia deixasse de ser, ele continuaria escrevendo. O ato já não tinha mais a necessidade de ser algo útil; era uma daquelas poucas coisas que têm sentido por si mesmas. Suas angústias eram nobres (e raras) demais para não serem registradas.

Ele sabia que as pessoas têm certos "botõezinhos" que, se apertados, transformam seus comportamentos completamente ali naquele momento.

Por exemplo, se no assunto alguém dissesse que sua altura não era suficiente para algo, ele logo se transformava; falar mal da princesa também era um de seus botõezinhos que não deveriam ser apertados.

Um de seus passatempos favoritos era descobrir os botõezinhos de pessoas próximas a ele. Havia certas diferenças entre botõezinhos e fraquezas; ele estava certo de que as duas palavras não eram sinônimas.

A título de curiosidade, ele gostaria de dizer que multidões também possuíam botõezinhos; muitas quedas poderiam não ter ocorrido se botõezinhos diferentes tivessem sido apertados.

Ele sabia que, mais do que temer aquilo que os outros se tornariam, ele deveria temer aquilo que ele poderia se tornar. Uma possibilidade muito real era ele se tornar aquilo que ele combatia. Aqueles que no início guilhotinaram foram guilhotinados depois.

Ele sabia que deveria deixar por escrito as principais coisas que aprendeu na vida:

Ele sabia que o seu principal dever para com as próximas gerações era coletar dados e definir funções (além, é claro, de preservar o planeta e encontrar a cura do câncer).

Ele sabia (isso todos sabiam) que os erros eram grandes professores; a novidade, que nesse caso era uma boa notícia, era que os erros dos outros também poderiam lhe ensinar. Conversando e partilhando experiências expandia o "corpo docente" disponível.

Ele sabia que a característica "consciência pesada" era uma característica muito desejável para os indivíduos de uma sociedade. No limite, quando os indivíduos não brigam com o travesseiro após terem cometido as suas más ações, a sociedade não pode existir. Em outras palavras, a característica "inconsequência" era muito indesejável para os indivíduos de uma sociedade.

Ele sabia que após este volume viriam outros. O seu estilo confissão era viável e perene. Assim como a busca pela perfeição era um caminho sem fim, o "estilo confissão" era altamente frutífero. Sempre haveriam tentativas de melhora e novas confissões.

Ele sabia que havia um risco nesse direcionamento total de sua vida à ela. Havia o risco dela não lhe querer mais, havia o risco dela se apaixonar por outro alguém. O risco existia, mas ele parecia pequeno, ínfimo, perto da felicidade que ele sentia ao encontrá-la.

Ele sabia que não estava inventando a roda, mas, mesmo assim, gostaria de dar uma contribuição, ainda que pequena, para a humanidade.

Ele sabia que suas palavras, assim como as palavras de muitos outros escritores, eram apenas readequações de velhas soluções (e problemas) à novos contextos. Pareciam ser raras as contribuições totalmente novas, originais. As grandes inquietações do homem ainda eram as mesmas.

Ele sabia que as suas palavras poderiam ser lidas por muitos, compreendidas por alguns e executadas por poucos. Apesar das grandes inquietações, a humanidade não era um todo homogêneo; as diferentes formas de viver a vida se enquadrariam na abstração "muitos, alguns, poucos".

Ele sabia que deveria dar muito valor às suas ações (e pensamentos). Isso não era um apelo à vida interior, muito menos um apelo à vida centrada no "eu"; era apenas (pura e simplesmente) uma gratidão pelo Tempo.

Ele sabia que a parte mais difícil de uma decisão era manter-se firme nela, sem olhar para trás.

Ele sabia que uma de suas principais fontes de insegurança eram os seus vícios; a outra, seus pensamentos negativos. Algo precisava ser feito para que ele recuperasse a sua confiança; estava cansado de ir dormir sempre com os mesmos arrependimentos.

Ele sabia que algumas situações tiravam-no do caminho planejado; assim que identificava essas situações (tarefa que nem sempre era fácil) ele passava a fazer as coisas com mais lentidão, dando atenção a cada detalhe. Se "ser forte é permanecer", ele permaneceria; nem que tivesse que permanecer imóvel até o sentimento ruim trazido pela situação desvirtuosa passar.

Ele sabia que as coisas que ele não escrevesse hoje não seriam escritas amanhã.

Ele sabia que existiam momentos de insegurança, mas não sabia muito bem como lidar com eles.

Olhar os detalhes, a fraqueza de um pequeno pássaro, fazia com que a insegurança passasse momentaneamente.

Ele sabia que um dos grandes desafios do homem era manter-se relevante; relevante na família, relevante no trabalho, relevante na sociedade.

Mas era um desafio não apenas de um homem, de um único indivíduo, parecia ser um desafio inerente à existência de produtos, empresas, nações.

Ele sabia que no verão, às 17h42, o Sol batia na janela do seu escritório; o desafio agora era saber se batia e em que horário batia nas outras estações. O céu sempre esteve lá; bastaria ele olhar.

Ele sabia que não dava para anotar tudo; alguns pontos da análise precisariam ser feitos ali no momento, "ao vivo".

O esforço de passar o conhecimento adiante deveria ser o mais detalhado possível, mas isso não livrava aquele que desejava aprender de ter que tomar as suas próprias decisões em campo.

Por mais que a receita de como percorrer o caminho estivesse pronta, os próprios passos teriam que ser dados.

Ele sabia que precisava realizar os projetos que tinha em mente, para que surgissem novos projetos. O mesmo é válido para ideias.

Era como se um projeto não realizado ocupasse espaço na mente, impedindo sua capacidade criativa.

Havia um lado pouco agradável nisso tudo também: sua vida era uma coleção de projetos não realizados, tornando difícil a tarefa de discernir por qual projeto começar.

Ele sabia que seus escritos não deviam se contentar apenas em motivar as pessoas. A grande motivação, aquela que nos diz para não termos um plano B que tire o nosso foco do plano A, já havia sido dada pelo austríaco mais famoso do mundo.

Motivar era pouco; ele queria que seus escritos estivessem ali para passar experiências e para servir como calmaria, como refúgio, em momentos de descontrole e de decisões precipitadas; muitas vezes a leitura de uma frase amiga poderia mudar tudo.

Era como aquele ditado que diz que você só precisa ser corajoso por sete segundos; sete segundos bastam. Esse é o tempo empregado na leitura de uma frase.

Ele sabia que as ideias, assim como a inspiração, eram fugidias; por isso passara a andar com material para fazer anotações. A vontade de não desperdiçar momentos de inspiração tinha transformado alguns momentos do seu dia a dia em verdadeiros tormentos; muitas vezes precisava parar tudo o que estava fazendo para capturar a inspiração.

Infelizmente, o mesmo se aplicava a sentimentos/estados de espírito: eram fugidios. Como seria bom sentir-se bem sempre e conservar em si aqueles momentos de vontade forte.

Ele sabia que não deveria tomar como hábito a organização de pensamentos durante a madrugada.

## 22

A frequência do uso das madrugadas parecia estar ligada à um descompasso entre rotina e metas. Se ele precisava usar muitas madrugadas era porque sua rotina não estava condizente com os seus planos de vida.

Ele sabia que dar oportunidade aos outros era um sinal de grandeza interior, dado que só havíamos chegado onde estamos graças às oportunidades que os outros nos deram.

O mesmo se aplicava às posições ocupadas, por exemplo, em instituições; à parte aqueles espíritos elevados que criavam as suas próprias instituições e os cargos que ocupavam, todos os ocupantes de uma cadeira tiveram uma oportunidade dada por alguém.

Achava que nisso também consistia um pouco do sentido da vida; a sua parcela de contribuição no Universo só poderia ser parcial; precisava aplainar os caminhos para que os outros também pudessem dar as suas contribuições.

Ele sabia que ter um diário era algo de suma importância; as experiências eram aquilo de mais precioso que alguém poderia ter.

Chegava a acreditar que mais valia uma experiência fútil registrada no diário do que uma experiência extraordinária não escrita.

Avaliar o caminho percorrido era algo que faltava na sociedade líquida; o diário ajudava nessa avaliação.

Ele sabia que não saber/não entender o motivo/a razão pela qual devia ou não fazer certas coisas tornava tudo mais difícil; isso valia para todas as esferas da vida: família, religião, sociedade.

Os varredores da fachada do prédio de ciências tinham a convicção de que estavam ajudando a levar o homem à Lua; a tarefa menos gratificante poderia ganhar um sabor especial quando estava claro o motivo da ação.

Ele sabia que com o caráter, o amadurecimento e o modo de viver que adquirira poderia alcançar qualquer coisa que desejasse. O problema era que adquirir esses atributos levava tempo; assim, ele não poderia alcançar coisas que excluíam aqueles que eram "jovens a mais tempo".

É bem verdade que ele não trocaria suas vivências, porém, tê-las adquirido em tenra idade teria sido de grande valia. O desafio parecia ser colocar em prática, desde cedo, o saber que dizia "não tenhamos pressa, mas não percamos tempo".

Ele sabia que existia uma certa dificuldade em se escrever um tratado sobre a vida interior; talvez por isso ele só escrevesse curtas notas desconexas.

A dificuldade residia no fato de capturar, com autenticidade, os momentos vividos; nem sempre os momentos de exercício intenso de vida interior, aqueles dignos de serem escritos, eram fáceis de reconhecer, lembrar, registrar.

# 24

Ele sabia que a questão de coletar dados e definir funções era o seu lado profissional falando mais alto.

Ele sabia que o arrependimento por ter julgado alguém erroneamente era um dos piores.

Aquele olhar triste, aquela falta de atitude da pessoa julgada, faziam com que ele se arrependesse até a alma de ter julgado.

O sentimento de "queimar a língua" era muito ruim (apesar de às vezes jogarmos palavras ao vento na esperança de estarmos errados).

Ele sabia que um relacionamento duradouro e feliz estava pavimentado na atenção aos detalhes.

Esquecer uma data, deixar de fazer algo que vinha fazendo desde o início, desconfiar do outro, eram formas de encurtar a relação.

Não que ele fosse um expert em relacionamentos; ele era um expert em analisar os sentimentos humanos.

Ele sabia que um homem chegava no fundo do poço quando começava a "bater em cachorro morto" e a estar constantemente insatisfeito com aqueles à sua volta.

Os familiares de um homem que se encontrava no fundo do poço não precisavam de inimigos; tinham naquele homem uma fonte de críticas e incentivos levianos.

A cura, a escalada do poço, precisava, necessariamente, de desafios e de inimigos (moinhos de vento que fossem) à altura do homem e que substituíssem os cachorros.

A cura, a escalada do poço, era difícil quando o homem em questão fora influente no passado e/ou tivesse no currículo grandes realizações; ficava difícil encontrar desafios à altura. Estava fadado a bater em cachorros mortos e a ver perder valor os seus feitos passados, com todos ao seu redor falando "Amém" para todas as coisas que ele fazia.

Era o fim de uma vida de realizações antes mesmo da morte.

Ele sabia que uma grande oferta de algo causava um efeito psicológico interessante: perda substancial de interesse.

Após receber um agrado de alguém que gostava muito, perdia um pouco da alegria no agrado recebido quando descobria que outras pessoas também haviam recebido o agrado.

Era a velha vontade humana de ser exclusivo falando mais alto.

O seu psicológico agia mal nesse quesito; o fato de descobrir que outras pessoas eram especiais não deveria diminuir o fato dele também ser especial.

Ele sabia da importância de uma companheira de caminho. Ficava motivado em fazer aquilo que se tinha proposto, pois tinha a certeza de que do outro lado do mundo, ela também estava fazendo as coisas às quais se tinha proposto.

Ele sabia que conformar-se com as coisas que não podia mudar era uma forma de afastar ilusões, falsas crenças, meias verdades.

Não era um apelo à falta de ação; era um apelo para que cessassem os sucessivos murros em ponta de faca.

Acreditar que você pode resolver uma situação cuja causa já está perdida era uma forma de continuar no meio de vícios e na não resolução de problemas relevantes sobre os quais a sua ação poderia ser decisiva.

Ele sabia que deveria organizar os seus pensamentos o mais rápido possível; a cabeça chegava a doer com o turbilhão que passava em sua mente.

Ele sabia que o sentimento de superioridade, apesar de desejável, em alguns casos era perigoso.

O mesmo valia para o sentimento de produtividade; constantemente ele sentia que estava fazendo, que estava realizando muito mais do que todos à sua volta. Há algum tempo ele aprendera a não exteriorizar os seus julgamentos, porém, internamente, ele taxava à todos como "não sendo do ramo".

Essa era a sua forma de resumir todas as suas críticas à alguém: "você não é do ramo".

Fato ou mito, se ele acreditava ser tão bom e produtivo assim, por que ele não se sentia realizado?

Sua produtividade não estava em consonância com suas metas de vida? Até quando iria adiá-las?

Ele sabia que os caminhos da vida eram permeados de perdas; dentre as perdas, uma delas merecia destaque: a perda da inocência. Era difícil dizer como e quando ela ocorria, mas a verdade é que ela não só ocorria, mas também podia ser sentida.

Se alguma maneira houver, preserve a sua inocência pelo máximo de tempo que puder.

Ele sabia que a pior mentira era aquela que ele contava a si mesmo; o mesmo valia para as ilusões criadas. A realidade, a rotina nua e crua, poderiam ser diferentes do imaginado, mas nem por isso eram, necessariamente, ruins. A cura parecia estar no enfrentamento; um enfrentamento que poderia até acelerar a derrota, mas, que, se vencido, poderia trazer a paz duradoura.

Ele sabia que ao chegar ao seu final de férias ele gostaria de ter em seu diário os detalhes de cada dia, as atividades que realizara, as angústias pelas quais passara, as decisões que tomara e as metas que definira.

Gostaria do mesmo para o fim do colégio, o fim de um ciclo de treinamentos, o fim do trabalho, o fim de um projeto, o fim da convivência com alguém, o fim da vida.

Ele sabia que era extremamente divertido escrever frases, deixar recadinhos para o seu "Eu" do futuro. Frases do tipo "aos 20 anos penso que com 40 vou estar gigante; consegui?".

Ele sabia que uma das maiores gratificações que alguém poderia dar a si mesmo era escrever frases que gostaria de dizer no momento da realização de um sonho e esperar o dia em que a frase será dita chegar.

Ele sabia que tanto as atividades repetitivas, quanto as que eram realizadas cotidianamente (como lavar roupas íntimas), podiam ser feitas de forma melhor, mais inteligente.

Não era um esforço inglório dedicar certo tempo de pensamento à novas formas de realizar as atividades.

Ele sabia que todos os livros sobre vida interior eram parcialmente verdadeiros; o fato é que nos momentos reais de angústia ninguém se lembrava de escrever.

Ele sabia que ninguém poderia ser mais inseguro do que ele. Essa constatação não era uma aceitação de sua fraqueza; era um passo necessário para que passasse a exercer a sua coragem nos momentos oportunos que aparecessem.

Notadamente teria que fazer uma correção. Havia certas pessoas que se sentiam mais inseguras do que ele: aquelas que dormiam com o inimigo, que haviam sido diagnosticadas com "o mal do século".

A sua insegurança era mental, muitas vezes pouco relacionada à problemas e fatos reais; já a insegurança dos diagnosticados, era algo real, palpável, algo que as fazia pensar "por que teve que acontecer comigo?".

Ele sabia que o desafio era se tornar uma lenda. Quando alguém se tornava uma lenda, frases, feitos e fórmulas de todo um período eram atribuídos à pessoa lendária, mesmo que não houvesse comprovação da autoria (Sócrates, Arquimedes, etc).

Ele sabia que a dificuldade na notação já indicava uma dificuldade no problema em si.

Ele sabia que a conquista de algo sonhado envolvia estar disponível a todos os caprichos do caminho até a conquista.

Essa disponibilidade total tinha uma finalidade bem clara: atingir o ponto em que o Universo começasse a conspirar em seu favor.

Ele sabia que as análises feitas em tempos de crise não estavam sujeitas às mesmas condições dos tempos normais.

Muitos sofreriam até que um espírito iluminado percebesse que a análise precisava mudar.

Isso, do sofrimento de muitos, infelizmente não era uma novidade.

## 30

Ele sabia que a maioria das pessoas não gostava de conversar/estar com ele.

Ele era uma dessas pessoas que falava pouco e não tinha opinião sobre a maioria dos assuntos.

Por opção, ele escolhera não discorrer sobre a imensa quantidade de assuntos que os outros discorriam; por outro lado, nos 2 ou 3 assuntos que dominava e gostava, não ficava atrás de ninguém; dava opiniões e sugestões à torto e à direita.

Ele sabia que deveria encontrar as próprias aplicações para os conhecimentos adquiridos.

O mesmo valia para as ferramentas; tinha muitas ferramentas à sua mão e precisava saber onde e como usá-las.

Já que "a melhor ferramenta é aquela que você sabe usar", então aprenda bem as ferramentas disponíveis e crie novas, caso as existentes não sejam suficientes para suas aplicações.

Crie conhecimentos novos também.

(Prometi evitar frases do tipo "crie", "faça").

Ele sabia que era um dever do homem contribuir com a humanidade, compartilhando os conhecimentos adquiridos; compartilhando sobretudo com os mais jovens.

Ele tinha uma necessidade de contribuir com a educação; gostaria de dizer à todos para fazerem um esforço inicial de estudos, para que saíssem da linha -1, chegassem no nível 0 e pudessem caminhar com as próprias pernas.

Caminhar com as próprias pernas, o famigerado autodidatismo, estava se tornando uma realidade, dado o descaso aparente com os anos iniciais da educação básica.

Ele sabia o poder de eternizar que os escritos traziam para os seus autores; os exemplos disso eram gritantes e podiam ser vistos nos mais diferentes lugares do mundo, nas mais diferentes culturas.

Vivia no mundo digital (perdão àquelas gerações que não podem entender esse parágrafo; falava de termos de sua geração. Um erro para quem quer ser atemporal? Sua geração era pequena frente à todas as demais), onde uma postagem era quase uma prática fisiológica diária; suas pequenas frases dariam um bom material para postagens diárias. Sua sorte, porém, foi ter sido levado à ter que percorrer o caminho menos agradável e o que não daria as recompensas mais rápidas; ao invés de postar tudo imediatamente, ele ia compilando pouco a pouco seus escritos, na esperança de ser eternizado, em oposição à receber uma curtida ou visualização imediata, na esperança de receber uma recompensa (póstuma que fosse) para os seus escritos.

Não se tratava de ser contrário às postagens; se tratava apenas e tão somente, de uma canalização de energias, em oposição ao desperdício constante de pequenas gotas.

Ele sabia que a imensa maioria das realizações humanas poderiam ser obtidas com a estratégia "passinhos de bebê": pequenos passos por dia, todos os dias, que, quando somados, resultariam em um montante do qual a realização almejada poderia ser extraída como consequência.

Contudo, precisava admitir, à contragosto (e, talvez, causando um desserviço à humanidade), que, para certas realizações a técnica dos passinhos, do "dividir para conquistar", simplesmente não funcionava; nesses casos, era necessário um esforço brutal para dar continuidade ao processo e um esforço brutal maior ainda no início do processo.

As realizações, que não baixavam a guarda para a constância, e a paciência demandavam, com o perdão da palavra, um estupro mental diário: noites e mais noites em claro deixando o cérebro trabalhar em suas buscas.

Já que estava prestando um desserviço, iria fazer isso direito!

Ele sabia a importância de começar; adiar só piorava as coisas.

O contragosto de sentar para escrever reforçado pela noção de que passaria longas horas escrevendo, não podia impedir que ele começasse.

Mesmo que escrever estivesse fora dos seus planos para o momento, ele via uma certa urgência em começar.

Ele sabia que aquilo que lhe faltava roubava mais o seu pensamento do que aquilo que ele tinha. Na mesma linha, gastava mais tempo com as coisas que poderia vir a realizar algum dia, do que com as coisas que poderia realizar agora.

Ele sabia que o aperto no peito no fim da tarde de domingo era um sinal de que ou as distrações não eram suficientes, ou a vida vivida não era equivalente à vida sonhada.

Precisava dizer, porém, que nem todas as tardes de domingo poderiam ser livres de angústias, mesmo se os sonhos já tivessem sido realizados. O homem, ser insatisfeito por definição, não viera ao mundo a passeio.

Por fim, mas não menos importante, os tormentos eram maiores quando precisava conviver intimamente com alguém ainda estando insatisfeito consigo mesmo.

Dados esses comentários, ele tomara uma decisão: não deitaria ao lado dela numa cama enquanto não estivesse minimamente realizado com a sua própria vida.

Ele sabia que as pessoas não eram atraídas pelas coisas simples; as coisas difíceis traziam mais histórias para contar.

O Maior Homem do mundo deixara um caminho simples para seguirmos; tão simples que chegava a dar raiva; tão simples que não nos ofertava muitos momentos para praticarmos nosso heroísmo improvável.

## 34

O mesmo valia para as pessoas que admirávamos; elas pura e simplesmente levam à um nível alto, ao fim do nível, práticas como nadar e provar teoremas.

Por que estava se afastando da simplicidade? Por que relutava aceitar que a nobreza se fazia presente no detalhe?

Ele sabia das técnicas que o seu subconsciente usava para distraí-lo; quando passava por uma fase com muitas obrigações ou por uma fase difícil, logo buscava um livro, do assunto mais aleatório possível, para ter seus momentos de escape durante a fase.

Desta vez seria diferente; tendo conhecimento das técnicas que eram usadas contra ele (ou a favor, dependendo do ponto de vista), negaria se entregar aos momentos de fuga. Se havia um ditado que dizia que "de longe os inimigos pareciam maiores", ele iria querer descobrir, conscientemente.

Ele sabia que deveria tomar cuidado com as palavras (deveria ser como os ourives de sonetos), pois seus leitores poderiam estar passando por noites traiçoeiras. E até uma vírgula em lugar errado poderia ser uma sentença para alguém em crise.

Por isso gostaria de dizer que as coisas que escrevera como certas, as coisas iniciadas com "ele sabia", eram relatos de uma experiência pessoal, que poderia ou não ter caráter universal.

A meta de cada um era escrever seus próprios "ele sabia"; registrar para não esquecer; ensinar para não ser esquecido.

Ele sabia que em alguns casos a ordem dos fatores alterava o resultado; existia uma inversão de ordem entre as escolas e a vida: nas escolas primeiro vinha a lição e, depois, a prova; já na vida, primeiro vinha a prova e, depois, a lição.

Seria legal se ele pudesse, hoje, voltar aos seus 17 anos e aplicar tudo o que sabia; mas não era assim que a vida funcionava. Primeiro ele passara pelas provas, depois aprendera as lições e era exatamente isso que fazia com que ele fosse quem ele era hoje.

Não dava para ele ter aplicado as lições aos 17 se ele ainda não tinha passado pelas provas da vida que geraram as lições. Era uma questão cronológica.

A boa notícia era que, como já foi dito, poderia aprender algumas coisas com as lições dos outros. Daí entrava a importância das histórias: as histórias vão fazer você sorrir, vão fazer você chorar.

Ele sabia que a necessidade o fazia escrever; e isso era válido para todos os tipos de escritos.

Quer se tratasse de um texto matemático, quer se tratasse da história de um arqueiro órfão franzino, as palavras eram postas no papel por uma necessidade muito particular de quem as escrevia.

Os leitores não faziam nada mais do que um favor ao ler a obra de um autor perturbado, escritor por necessidade.

Ele sabia que os escritos atemporais eram, por definição, aqueles com maior chance de durar, porém, eram também aqueles com maior chance de se tornarem escritos vazios. O desafio era dizer algo nunca dito, mas que se aplicasse à grande maioria das pessoas.

O desafio de escrever um tratado de vida interior atemporal era maior ainda. As angústias de cada um eram diferentes. Bastavam as angústias para escrever um tratado de vida interior?

Ele sabia que precisava esforçar-se para alcançar seus sonhos. Era um bem que ele faria a si próprio.

Seus discursos de vitória, inclusive, já estavam prontos (antes mesmo de ter obtido êxito).

Talvez esse fosse o grande ensinamento do Coelho: o Universo iria conspirar a seu favor se ele acreditasse.

Ele sabia que as inconstâncias (ansiedades) não passariam enquanto as suas ações não fossem fiéis aos seus próprios valores.

O sentimento de estar sempre onde queria estar não era compatível com a infidelidade à si próprio.

Ele sabia que algumas coisas na vida eram urgentes; principalmente as realizações atreladas à uma certa idade (idade nossa, mas também idade dos envolvidos nas realizações).

E, para seguir o caminho da urgência (sempre incerto e acompanhado de tormentas), era preciso ter um senso de direção apurado.

O processo de manter-se na direção certa precisava ser otimizado; mas de nada adianta otimizar um processo falho.

Não dizia que precisava ter um processo perfeito; no mínimo, precisava de um processo que não lhe fizesse cair nos mesmos erros.

Na ausência de um processo perfeito, a chave parecia ser: processos imperfeitos + erros novos.

Os mesmos erros de sempre são desmotivadores, abalam sua confiança e lhe dão uma sensação de falta de sentido no seu dia a dia.

A psicologia da mudança, mais do que os acertos, precisava incluir os erros. A tal ponto de que poderia afirmar que era melhor você parar de cometer os mesmos erros e não realizar nada, do que realizar muitas coisas cometendo sempre os mesmos erros.

Por mais que se realize, o sentimento de realização não virá.

Ele sabia que enquanto fosse fiel àquilo que acreditava, inspiração não lhe faltaria. E seu maior medo era perder a inspiração, perder o entusiasmo.

Ele sabia do problema da listagem de possíveis pecados em um guia de ajuda de exame de consciência.

Na tentativa de ajudar você poderia acabar dando a chave para a ocorrência daquilo que você queria evitar.

A questão principal era dar a ideia, dar o conhecimento do tópico listado ser uma possibilidade.

Ele sabia que alguns vazios eram melhores do que algumas completudes; vazios significavam a possibilidade de preenchimento com coisas novas.

Ele sabia que não saber certas coisas era, na realidade, um privilégio. Alguns conhecimentos levam embora de vez a pureza e a espontaneidade.

Sim, a ignorância, apesar de abreviar a vida e nos privar de certas contemplações, parecia ser uma bênção.

Ele sabia que deveria valorizar todas as atividades que conseguia realizar no momento presente.

Em alguns momentos da vida, seja por perda de capacidades, seja por mudanças de metas, deixava de ser capaz de realizar coisas que já lhe foram rotineiras, naturais, triviais.

Ele sabia que era preciso tomar consciência de sua própria identidade.

Ele sabia que o seu cérebro estava acostumado a relacionar momentos de calmaria com maus presságios. Seja porque nos momento de calmaria ele se desse maior oportunidade de pensar, seja porque a manutenção das atividades fosse o desejo de todos.

Ele sabia que a autenticidade de um autor era vista na aplicação de suas palavras à si mesmo.

"Quando falo para vocês, é para mim mesmo que estou falando".

Ele sabia que a dedicação à cada atividade exigia atenção, algo que as pessoas vinham perdendo. Isso não era uma valorização das coisas difíceis; era mais um pré-requisito para poder realizar coisas difíceis.

Perceber por si mesmo parecia ser a chave; perceber te ajuda a melhorar; trilhar caminhos tirando as suas próprias conclusões (ou trilhar com base nelas) fortalece a sua coragem; acreditar que o melhor não está por vir, que o melhor momento é o agora, faz com que você possa se surpreender com essa crença.

Ele sabia que nenhum pai era inteiramente livre; a liberdade verdadeira pertencia àqueles que apenas tinham sido gerados, sem terem gerado ainda.

Ter um filho tirava a liberdade por um simples fato: acendia na sua consciência uma chave que nunca mais seria apagada, independentemente do quão confortável fosse o travesseiro sobre o qual a sua cabeça repousasse.

Ele sabia que muitas vezes as pessoas julgavam ser melhores do que realmente eram.

Faltavam exemplos, bases de comparação que servissem de ideal. O Maior Homem tinha deixado lições importantes, porém, muitas vezes, pouco aplicáveis no dia a dia diretamente. Suas lições precisavam ser destrinchadas para que seus exemplos (e bases de comparação) pudessem ser extraídos.

Ele sabia que não havia razões para acreditar que os seus problemas eram maiores do que os dos outros.

As necessidades das pessoas eram muito semelhantes; o que as diferencia são as atitudes.

Ele sabia que a relativização do esforço alheio fazia com que ele perdesse seu próprio entusiasmo.

Ele sabia que deveria ser muito grato às "pessoas âncora" que Deus colocara em seu caminho.

Essas pessoas lhe ensinaram a encontrar a justa medida entre realizar e ter cautela.

Ele sabia que pequenas sínteses podem conter enormes (e complicadas) implicações.

Ele sabia que o maior mérito de um homem que amava os seus era deixar que eles se desenvolvessem de suas próprias maneiras.

**41**

Ele sabia que os especialistas faziam a coisa toda parecer fácil.

Ele sabia que um bom primeiro passo para adentrar em novos campos era procurar profundamente a origem dos nomes que classificam os entes do campo.

Era válido também dar novos nomes representativos quando os nomes dos entes antigos não fossem aplicáveis aos entes recém-descobertos.

Ele sabia que, muitas vezes, grandes acontecimentos não lhe davam a mesma matéria de inspiração para escrever dada por simples acontecimentos diários, como uma troca de olhares na calçada.

Ele sabia que um grande empecilho para a realização das tarefas era a crença perene do "eu tenho muitas coisas para fazer".

Aprendera que as suas tarefas precisam ser muito bem escolhidas; precisam ser condizentes com os sonhos. É o eterno jogo do querer e desejar, desejar e querer; é o jogo aplicado às atividades cotidianas.

Ele sabia que escrever um livro era um passaporte para a solidão. As pessoas do seu círculo de amizades começavam a ficar estranhas quando liam os seus pensamentos escritos nas páginas.

Ele sabia que era muito gratificante quando as pessoas que ele admirava vinham pedir seus conselhos (dicas suas).

E se ninguém nunca viesse pedir os seus conselhos?

Ele sabia que tão bom quanto fazer as coisas com calma, era entender o que estava fazendo. Como é péssima a sensação de fazer sem entender!

Ele sabia que escrever um livro era prestar um serviço às outras pessoas. Um livro poderia conter anos e anos de estudos e reflexões.

Os autores, talvez com o ensejo de se tornarem eternos, entregavam de mão beijada seus conhecimentos para qualquer um, mesmo não sabendo qual uso do conhecimento o leitor faria.

Por mais que um autor tentasse esconder seus conhecimentos, os livros eram escritos e as técnicas eram passadas; parecia que o autor já não tinha mais uma vontade soberana e que a Natureza fazia dele um instrumento de dispersão de suas descobertas.

Ele sabia que o desconhecido causava medo, por isso compensava fazer atividades bem feitas e manter harmonia com pessoas próximas.

Explorar o desconhecido demandava plenitude naquilo que conhecíamos e podíamos controlar.

Ele sabia que a melhor saída para os bastardos era apegar-se à uma meta. A meta se tornaria seu pai, sua mãe e sua família; a meta seria seu alívio aos pensamentos de não pertencimento; com o passar do tempo, a meta bem executada poderia inclusive trazer-lhe glória.

Além do apego às metas havia uma outra saída: unir-se à outros bastardos. A união daqueles semelhantes que não tinham nada a perder fortaleceria o grupo. O vasto mundo com pedras no caminho tornar-se-ia um pouco menos áspero.

44

Ele sabia que deveria investir tempo naquilo que acreditava; o mundo oferecia muitas possibilidades de caminho e poucos caminhos concretos. Perder-se no meio das possibilidades levava, inevitavelmente, ao sentimento de que "mais poderia ter sido feito" e de que "agora que eu acordei não dá mais tempo".

Ele sabia que muitas vezes o problema não era nas máquinas; era naqueles que as pilotavam.

Ele sabia que uma das coisas que mais poderia machucar uma pessoa era o esforço de tentar fazer com que outrem se sentisse realizado. Corresponder às expectativas dos outros era sempre um fardo pesado de se carregar.

Ele sabia que estava sendo muito ingrato com as palavras, negligente com a escrita. Só lembrava de escrever nas tardes sombrias, nos momentos de início de desespero.

Sua relação com o papel era semelhante à relação de um fiel de pouca fé, buscando consolo na hora da aflição.

Ele sabia que muitos dos grandes empreendimentos da vida de uma pessoa eram realizados na mais total solidão, ou na presença de poucos companheiros.

O fato dessa solidão existir nos grandes empreendimentos não vai contra o pensamento de que "a felicidade só é real quando é compartilhada"; esse fato é assim, mas isso não significa que ele deva ser sempre assim.

A Natureza parece nos prestigiar com a realização (ou o sentimento de) quando andamos solitários. Um exemplo concreto é o dos pássaros que deixam o ninho: na melhor das hipóteses um casal começa sozinho e termina sozinho.

Ele sabia que deveria retribuir a valorização gratuita que algumas pessoas tinham depositado sobre ele quando ele ainda não era nada, quando ele ainda não era ninguém. E os esforços para retribuir deviam ser os maiores e mais urgentes: poderia não dar tempo de retribuir a todos que acreditaram nele.

A vitória possuía muitas mães, mas a derrota era órfã. As pessoas que mereciam a sua retribuição eram aquelas que tinham sido suas mães no período de orfandade.

Ele sabia que não deveria levar em conta apenas frases ditas pelas pessoas, mas também comportamentos praticados.

Muitas vezes era isso que ele desejava: que as pessoas esquecessem coisas que ele tinha dito sem pensar, em um momento de raiva, e prestassem atenção na sua mudança de atitudes.

Ele sabia que deveria controlar a desconfiança que tinha em relação aos outros. Grande parte da desconfiança provinha da infidelidade que ele tinha aos próprios princípios; infidelidade de qualquer gênero, mesmo as que ficavam restritas ao pensamento.

O fato de ser infiel fazia com que acreditasse que os outros eram também.

Ele sabia que um dos maiores bens que alguém poderia ter era a maturidade. Como teria sido útil saber certas coisas na mais tenra idade.

Em sua cabeça surgia uma questão interessante: como despertar a maturidade (ou o processo de) o mais cedo possível? Seria bom driblar o fator tempo/experiência/vivência, tão necessários para amadurecer.

Após a primeira questão surgia imediatamente outra: caso conseguisse despertar a maturidade precocemente nos jovens, como fazer isso de forma que eles mantivessem a sua inocência?

Ele sabia que deveria dar maior valor à sua alma e suas vontades. Dedicar-se à elas, no mínimo, com o mesmo empenho que se dedicava ao trabalho ou ao estudo.

A vida não passava de uma grande preparação e o grande trunfo era estar preparado quando o momento chegasse.

A experiência de sua vida vinha lhe mostrando que seu estado de preparação plena sempre era tardio; nunca estava pronto nos momentos em que mais precisava. Será que isso era um prelúdio do que aconteceria quando lhe fosse solicitado que mostrasse sua preparação definitiva?

Ele sabia que não deveria deixar as atividades organizacionais tirarem o foco dos seus sonhos.

Ter tudo à mão amenizava o peso das rotinas difíceis, porém, a busca do sonho, envolvia enfrentar os momentos de bagunça e de caos.

Ele sabia que o maior "drenador" da energia de uma pessoa era tentar impor aos outros as suas verdades.

As verdades de uma pessoa eram tão suas que, em determinado momento, só faziam sentido para si. O caminho percorrido moldava as verdades; a felicidade/o sentimento de pertencimento estava fadado à ocorrer apenas com aqueles que tinham percorrido caminhos semelhantes ao teu.

Ele sabia que no meio da agitação das atividades que vinha realizando deveria parar periodicamente e se perguntar se estava feliz, se a correria estava valendo a pena, analisar o caminho percorrido.

Ele sabia que se sentiria mal, fora do seu ritmo normal, nos dias pós-festa; por isso, possuía uma lista de afazeres para os seus dias pós-festa. Independentemente do cansaço e da dor de cabeça iria cumprir a lista.

Ele sabia que ter problemas (exemplo: câncer) e objetivos maiores (exemplo: medalha olímpica) era uma forma de passar pelo mundo sem crises com os outros.

Ele sabia que deveria evitar mesquinharias.

Ele sabia que muitos tinham lido aquilo, mas que poucos gostavam de admitir.

Por vezes isso acontecia com alguns livros: a pessoa escondia o fato de ter lido, com medo que os outros começassem a associar o seu modo de agir com algo abordado no livro.

Na ânsia de esconder a fonte e simular originalidade, as mais diversas afirmações eram feitas; ele, por exemplo, nunca lera Dostoiévski.

Ele sabia que as definições ajudavam a particularizar a vastidão do Universo. Sua tarefa atual, na busca de uma maior compreensão, era definir a palavra milagre.

Milagre: "inverso do oposto de sonho". Desejamos ambos, porém, o milagre, ao contrário do sonho, não depende apenas de nós para se concretizar. Afirmando isso, eu nego aquilo.

Ele sabia que o tom pessoal de seus escritos ajudaria aos desesperados, consolaria os aflitos, saciaria os sedentos. Era quase uma prévia das promessas feitas por Ele aos Bem-aventurados.

Ele sabia que deveria tomar cuidado com tudo aquilo que lia e ouvia, pois muitos demônios desejavam mudar de endereço e fazer morada em sua mente.

É bem verdade que isso era um pouco de pedagogia do medo, mas quem nunca fez uso desse artifício?

Ele sabia que a pergunta que deveria fazer-se sempre era: está valendo a pena?

Ele sabia que o ser humano funcionava na base da valorização pós-perda.

As explicações para esse fato são diversas. Dou aqui a minha: valorizar algo/alguém enquanto ainda temos/estamos a/na presença de, exige compromisso, dispêndio de tempo. E nem sempre estamos dispostos a nos entregar. A nostalgia nos livra da seriedade e abre caminho para a saudade; a saudade leva à valorização.

Ele sabia que uma pessoa estava mudando quando passávamos a nos envergonhar das atitudes dessa pessoa perante os outros. Daí iniciava-se um processo inócuo/infrutífero de colocação de panos quentes à torto e à direita.

Ele sabia que as conversas que lhe decepcionavam tinham o seu lado bom; elas lhe mostravam que teria que fazer tudo sozinho.

Ele sabia que algumas angústias, quando guardadas, poderiam se converter em doenças. Mas também sabia que agredir e debater com aqueles que lhe causavam as angústias não eram boas soluções; eram, antes de tudo, catalisadores de doenças.

Na contenção das angústias entrava Deus, muito mais do que no combate aos nossos medos; buscá-lo era uma forma de praticar a máxima judoca "o forte bate no outro; o poderoso bate em si mesmo". Deus tudo suporta; ser forte é permanecer N'Ele.

Ele sabia que saber que não sabia de certas coisas constituía em si parte de sua inteligência.

Ele sabia que algumas verdades eram difíceis de serem reconhecidas e que outras eram difíceis de serem praticadas. Algumas poucas eram difíceis de serem reconhecidas e praticadas.

A maneira que o homem lidava com as verdades era o reconhecimento sem prática.

Ele sabia que as informações, a técnica e o conhecimento precisavam estar disponíveis na hora certa. Quando o momento chegasse não adiantaria querer consultar.

Ele sabia que precisava alimentar os seus pensamentos.

Ele sabia que irmãos ajudavam na caminhada, no propósito.

Ele sabia que teria se tornado relevante quando os seus leitores sentassem para discutir seus escritos e se perguntassem "o que ele quis dizer com isso?".

Ele sabia que autenticidade demandava uma certa dose de passado limpo.

Ele sabia que precisava ler nos momentos mais escuros dos seus dias. Muitas vezes ficar parado lendo evitava a criação de novos problemas.

Se "ser forte é permanecer", contemplar é agradecer.

Ele sabia que o grande inconveniente de buscar coisas contrárias aos próprios valores era que você acabava adquirindo conhecimentos que você não gostaria de ter.

E esquecer era algo impossível.

Ele sabia que mesmo fazendo tudo certo, isso não era suficiente para atingir o nível de excelência. Era necessário fazer algo mais e esse algo mais só podia ser descoberto pela própria pessoa.

Ele sabia, aos 25 anos, que o motivo de tantos insucessos era o fato de não estar fazendo as coisas com alegria. A vida é muito curta para não aproveitar e ser feliz.

Sua sorte era ter descoberto isso numa idade relativamente precoce.

Ele sabia que para alcançar a excelência em algo não bastava ter organização e consistência; era preciso entregar-se de corpo e alma; era preciso ser portador da doença do querer sempre mais.

Ele sabia que a grande parte dos atrasos era fruto de: medo, vontade de provar algo para si mesmo, falta de amizades.

Dos três frutos apenas o do meio era inevitável e tinha o potencial de, quiçá, levar-lhe ao aperfeiçoamento.

Ele sabia que algumas rupturas eram inevitáveis e, mais ainda, sabia que elas nem sempre eram tão ruins quanto achava que seriam.

Ele sabia que se não fizesse agora, iria fazer falta lá na frente. Isso era verdadeiro sobretudo em áreas de estudo exatas; podemos extrapolar: ele sabia que os conhecimentos não aprendidos agora iriam causar-lhe atrasos lá na frente.

Ele sabia que a verdadeira diversão começava quando você se tornava um veterano: veterano no esporte, veterano na arte, veterano na ciência, veterano no seu campo de atuação.

Cabe ressaltar que o acesso à diversão não estava, necessariamente, ligado à idade avançada; está mais ligado ao método desenvolvido ao longo do tempo por si para aturar/levar a cabo os "ossos do ofício", executar conscientemente a rotina.

Ele sabia que por mais que conhecesse lugares e pessoas, nada era comparado à companhia da mãe.

De todas as tristezas causadas por amigos e parentes, de todas as desilusões em relacionamentos amorosos, o maior vazio era o causado por um desalinhamento com a própria mãe.

Ele sabia que os mais infelizes dentre os infelizes eram aqueles que, por algum motivo, tinham vergonha da própria mãe.

Ter vergonha da mãe era como ter vergonha de si mesmo.

Ele sabia que nunca deveria deixar de amar intensamente. As lacunas geradas por momentos de rancor poderiam não ser reparadas.

Ele sabia que as pessoas de pensamento elevado, muitas vezes, sentiam uma culpa permanente.

Qual mecanismo atrelava a um ser distinto a falsa noção de que era responsável por tudo ao seu redor?

Ele sabia que aqueles que tinham tudo e não precisavam de nada tinham uma grande dificuldade em manter relacionamentos com as pessoas mais próximas.

Parece que as dificuldades e desafios aproximavam as pessoas e davam um sentimento comum de necessidade daqueles que estavam ao seu redor.

Como não havia pessoas que tinham tudo e que não precisassem/desejassem nada, essa colocação é totalmente irrelevante.

Ele sabia que nunca saberia o momento certo para tomar uma decisão.

Só poderia julgar a ação tomada após tê-la feito e ter visto as suas consequências.

Ele sabia do turbilhão de emoções que acontecia quando tinha a oportunidade de conhecer uma pessoa que admirava e da qual só ouvia falar.

Predominava um misto de "não era nada do que eu esperava" com "estou satisfeito por você ser assim, diferente de tudo o que eu imaginei".

Ele sabia que algumas frases, quando lidas em momento oportuno, poderiam mudar uma vida.

Frases fora de contexto tinham maior poder de mudar vidas.

Mudar vidas.

Ele sabia que muitos queriam mudar de vida. De onde vinha tamanha insatisfação?

Maldito seja o filósofo que disse que o círculo real nunca é tão perfeito quanto o círculo imaginado; ele nos colocou na esteira da insatisfação.

O remédio (paliativo) para curar a insatisfação parecia ser a gratidão.

Ele sabia que as melhores leituras, os melhores discursos, eram aqueles que não deixavam tudo muito claro para o leitor, para o ouvinte.

Parte do deleite estava no entendimento das entrelinhas; isso faz com que o leitor/ouvinte tire conclusões e deduza.

Ele sabia que atividades de adoração, contemplação e meditação eram irrealizáveis por pessoas inconstantes.

Fidelidade à própria consciência gerava constância.

Ele sabia que irmãos de caminhada podiam ajudar a não se desviar.

Seja grato pelos caminhos nos quais encontrar irmãos, pois a maioria dos caminhos você vai percorrer sozinho.

Ele sabia que deveria executar com perfeição todos os aspectos ao seu alcance; sabia também, porém, que ela gostava dele por motivos que estavam fora de seu controle, fora de sua execução perfeita.

Ele sabia que motivar-se passava pela tentativa de motivar os outros, assim como aprender passava pela tentativa de ensinar os outros.

Sabia também que motivar é diferente de dar conselhos.

Ele sabia que assim como a alimentação era algo primordial, a alimentação de seu intelecto e dos seus sentidos também era.

Alguns alimentos poderiam fazer mal, existiam alergias, alguma dieta poderia ser necessária.

Ele sabia que os melhores, em algum momento, sentiriam necessidade de parar.

Seja para aliviar o cansaço, seja para manter-se no auge, seja por uma percepção de queda em suas capacidades. De todos os motivos, um deles parece ser o primordial: necessidade de trilhar novos caminhos.

Ele sabia que, periodicamente, era necessário fazer um alinhamento dos átomos do seu cérebro. Sem o alinhamento periódico a atenção não era plena, o foco não era total, os sonhos se distanciavam.

O alinhamento poderia ser obtido de diversas formas: com uma música, uma leitura, um exercício, uma atividade prazerosa. O período entre os alinhamentos variava de pessoa para pessoa, porém 1 era o mínimo diário estabelecido pela Natureza, podendo ser feito antes de dormir, ao acordar, no horário do lusco-fusco, ao deparar-se com algum desafio.

Ele sabia que precisava decidir se iria aceitar as graças recebidas ou se iria recusá-las por não se considerar digno.

Caso aceitasse-las, poderia desenvolver-se cada vez mais e o desenvolvimento seria feito de forma humilde, pois teria sempre em mente o fato de que fora agraciado.

Caso recusasse-las, iria ficar voltando ao passado em uma vã tentativa de provar algo para si mesmo.

Admitir ter recebido graças não diminuía o valor dos seus méritos.

Ele sabia que o cérebro possuia um alto grau de auto-proteção, pois a realidade era que deveria viver desesperado frente à imensa quantidade de incertezas existentes na vida.

Aliadas à auto-proteção cerebral estavam as suas diversões; matemática, natação, música, xadrez, etc, eram formas de evitar ou até mesmo adiar o enfrentamento de realidades que não gostava e não deveria enfrentar.

Ele sabia que a sua maior virtude era ser inseguro.

Ele sabia que algumas coisas não precisavam ser ensinadas; os hormônios de cada idade se encarregavam de mostrar o caminho.

Ele sabia que empreendimentos bem-sucedidos tinham nome e sobrenome, ou, pelo menos, um bom apelido.

Ele sabia que algumas coisas precisavam ser mostradas.

Ele sabia que a maneira de compreender melhor o seu dia a dia era fazer filosofia.

Mais do que aprender com o passado ou prever o futuro, buscar os termos mais gerais ajudava na obtenção de um presente consciente.

Para revisitar o passado era necessário cautela; para prever o futuro era necessária intuição.

Intuição e cautela não eram dons disponíveis a todos.

Ele sabia que, apesar das contrariedades, ter ido foi a melhor coisa que poderia ter feito.

Ele sabia que a melhor forma de encaixar algo difícil na rotina era tornar esse algo um ritual.

Ele sabia o valor de palavras oportunas ditas por outrem.

Havia uma diferença entre palavras oportunas e conselhos; palavras oportunas eram dadas aos desesperados e conselhos, aos indecisos.

Ele sabia que na primeira vez precisaria ser acompanhado. Era mais ou menos como aprender a ler: após um conhecimento inicial, ele estaria apto a desbravar o mundo.

Ele sabia que, em algumas situações, as rupturas eram preferíveis em detrimento da paz forçada.

Quanto mais cedo ocorresse a ruptura, menor seria o dano final, porém, após rupturas, nada era igual a antes. Recaia assim em uma questão de escolha: romper ou não romper? Eis a questão!

Ele sabia que bem-sucedido era aquele capaz de aplicar as suas capacidades.

Ele sabia que professor é aquele que dá exemplo; aqueles cujos exemplos são contados se torna lenda.

Ele sabia que formular uma frase por si e para si sobre um tema era uma forma de obter a compreensão.

O esforço valia a pena.

Ele sabia que um bom livro era aquele que despertava no leitor a sensação do "eu já vi isso antes".

Ele sabia que um excelente livro era aquele que despertava no leitor a sensação do "eu nunca vi isso antes".

Ele sabia que a mescla entre analogias com experiências vividas e possibilidades de experiências novas gerava o fascínio.

Ele sabia que o pior tipo de dedicação era a média; dedicando-se de forma média a uma atividade não tinha tempo livre para se dedicar a outras coisas e não ficava bom o suficiente para ser um profissional da atividade.

A dedicação média, com o passar do tempo, iria transformá-lo em uma pessoa medíocre.

Ele sabia que a confiança que os outros tinham nele era um gigante com pés de barro, uma construção sem fundações, uma árvore sem raízes; e não poderia ser diferente. Assim também deveria ser a confiança que ele tinha nos outros.

Por outro lado, não deveria ser assim no plano pessoal; no plano pessoal deveria lutar a todo custo para que a sua confiança em si mesmo tivesse boas bases: pés de concreto, fundações sólidas, raízes profundas.

Ele sabia que o valor de certas coisas só era realmente compreendido quando descobríamos sua relevância às avessas.

Ele sabia que a constatação era um passo para a explicação (em alguns casos era a explicação, ela própria).

Ele sabia que enquanto houvesse saúde sua rotina poderia ter uma quantidade infindável de afazeres. Só uma pergunta precisava ser feita com frequência: "está valendo a pena? Estou mais perto daquilo que quero?".

Ele sabia que alguns antônimos eram aplicáveis à diferentes palavras (exemplo: dúctil e tenaz).

Ele sabia que um bom projeto precisava não só de bons engenheiros, mas também de bons críticos.

Ele sabia que nem tudo que lhe era conveniente lhe era necessário.

Ele sabia que uma grande satisfação era perceber, nas entrelinhas, os pedidos indiretos que as pessoas lhe faziam.

E, como senhor da descoberta, poderia escolher como proceder.

Ele sabia que satisfação era olhar para trás e dizer: "eu fiz o melhor que eu pude com aquilo que eu tinha".

Ele sabia que o campeão, que o bem-sucedido, era pura e simplesmente aquele que vencia o jogo mental.

Muitas vezes o jogo mental era contra si mesmo.

Ele sabia que a falta de conhecimento no processo causava erros de projeção temporal.

Ele sabia que estudos muito lineares poderiam causar sono e desinteresse; muitas vezes, começar pelo meio, pelo inesperado, poderia desencadear o interesse pela descoberta.

Ele sabia que um bom próximo passo era terminar o passo anterior.

Ele sabia que uma boa justificativa era "vai dar certo, vai ser legal".

Ele sabia que todos os que morriam por uma causa acreditavam que a sua causa era a certa.

Muitas vezes era preciso sobreviver, para saber que lutava por causas erradas, injustas.

Ele sabia que nossas principais características não vinham impressas no nosso DNA; precisávamos cultivá-las.

Ele sabia que o leitor, indiretamente, permitia que o autor escrevesse em si.

Ele sabia que as pessoas iriam perguntar-lhe qual a ferramenta que ele tinha utilizado para chegar lá. Ele responderia que era a única que ele sabia utilizar.

Ele sabia que a sociedade era para todos, mas que nem todo mundo era para a sociedade.

Ele sabia identificar uma pessoa de decisões tomadas, uma pessoa que já havia feito as suas escolhas.

Ele sabia que as pessoas precisavam dar um salto de fé, cair no poço do desconhecido, para poderem colocar em prática aquilo que haviam decidido. Cabia-lhe apenas não impedir essas pessoas.

Ele sabia que o conselho que mais tinha recebido, sem sombra de dúvidas, era o "não tenha filhos". Maior do que o problema da perpetuação, parecia ser o problema da criação perante a sociedade.

Formar o caráter era algo para o qual não havia método.

Na dúvida, seguia sem filhos.

Ele sabia que a falta de método não deveria ser um empecilho para a realização; o próprio caminho parecia se abrir e indicar a direção.

Ele sabia que o seu quarto lhe trazia uma sensação de serenidade, de aconchego, de paz; mas não fora para o quarto que ele fora criado.

Sabia também que quanto mais saísse e desbravasse o mundo, melhores seriam as sensações quando retornasse ao seu quarto. Poderia parecer uma contradição, mas era exatamente assim que se dava.

Ele sabia que o melhor companheiro para uma longa marcha era o pensamento de longo prazo.

E se, ao invés de se preparar para o dia de amanhã, ele se preparasse para os próximos 50 anos?

Ele sabia que o único antídoto para os males que algumas conversas lhe causavam era ter um compromisso com algo superior.

Ele sabia que, dentre as inúmeras contradições da Natureza, uma das mais curiosas ocorria dentro do ser humano: à medida que o corpo fraquejava, a mente parecia ficar mais forte.

Essa constatação não era um elogio direto à própria experiência, à própria maturidade, mesmo porque existiam jovens de corpo e mente fortes.

Trazendo para o seu caso ele só conseguia pensar nas asas negadas à cobra: "e se aos 25 eu tivesse tido a mente que eu tenho aos 86, as coisas teriam sido diferentes?".

Ele sabia que, ao conviver com doentes, manter-se vivo era grande feito.

Ele sabia que o melhor estilo de vida para não sofrer era o estilo guerrilha: estar sempre preparado para o pior.

Ele sabia que podia estar preparado para tudo, menos para o não reconhecimento por parte do Mestre.

Não tinha como estar preparado para ouvir algo diferente de "servo bom e fiel, agistes bem na fraqueza, toma o teu lugar".

Ele sabia o motivo pelo qual ia publicar o seu livro de forma anônima: medo de dar errado. Apesar de ter-se em grande conta e acreditar que seus escritos poderiam mudar o mundo, era inseguro. Em sua posição de vítima, acreditava que alguns acontecimentos tinham minado a sua criatividade.

Isso poderia parecer contraditório para um escritor tão disruptivo, mas preferia seguir como um ilustre desconhecido.

Ele sabia que o seu jeito de agir era o seu bem mais precioso; a forma como pegava na caneta, a forma como respondia às pessoas, a forma como lidava com situações que se repetiam, a forma como lidava com a chegada de mudanças, etc, estavam todas imbuídas de um significado que só ele conhecia e só a ele importava.

Ele sabia que não deveria ter medo de ler aqueles livros que não lia, pensando que se os lesse antes da hora iria gastar o conhecimento.

A hora certa de ler poderia não chegar; havia uma certa urgência em desbravar novos Universos, em percorrer caminhos dos quais se orgulhasse.

Além do mais, alguns livros poderiam ajudar-lhe no controle de si mesmo; ajudar. Ajudar é diferente de ir lá e fazer.

Ele sabia que mudar era uma forma de se adaptar, porém, ele valorizava as pessoas que não se tinham deixado mudar ao longo do caminho.

## 66

Ele sabia que uma frase formidável era uma frase que poderia ser usada em qualquer contexto; porém, algumas frases careciam de sentido fora do seu contexto de aplicação.

Uma frase de Marco Aurélio diz que, independentemente do fracasso, faça de novo, tente de novo. Isso não passa de uma apologia ao recomeço; e essa apologia ao recomeço precisa ser entendida dentro de um contexto. Porque a vida é assim: cair e levantar; isso tem um sentido motivacional, porém, não poderia tomar esse sentido como base e deixar de lado fracassos inconcluídos.

É bem consolador saber que, em qualquer circunstância, poderia sempre recomeçar; o clamor é apenas não recomeçar antes de ter terminado.

Ele sabia que alguns momentos pequenos, que não estavam sob o seu controle, mudavam a sua vida. Por exemplo, pessoas das quais ele não imaginava a sua vida sem, haviam entrado em sua vida por acaso.

Um escrito deixado em duas igrejas; aquele que retornou primeiro acabou mudando a sua vida.

Ele sabia que era preciso adentrar, buscar águas mais profundas.

Ele sabia que a prática antecedia a regulação.

Ele sabia que deveria se perguntar como se dá um projeto de vida.

Ele sabia que possuía uma boa capacidade de atuação, porém a sua capacidade de planejamento era limitada. Cada um precisava saber de seus pontos fracos e fortes.

Ele sabia que um modelo era a coisa mais simples que poderia conceber.

Ele sabia da existência de coisas únicas que poderiam ser encontradas de várias formas diferentes.

Ele sabia que no campo da prática era difícil formalizar a técnica.

Ele sabia que os maiores problemas eram os indecifráveis, aqueles que estavam imersos em nós.

Ele sabia que era de grande valia saber reconhecer a genialidade daqueles que tinham opiniões diferentes da sua.

Ele sabia que a maior lição da vida dependia muito do contexto que considerava; assim, poderia falar em mais de uma lição.

Apesar de não haver uma lição única e soberana, havia uma lição soberana sobre a vida: vida é movimento.

Ele sabia que era tarefa digna transmitir/traduzir para os outros conhecimentos de outrem.

Não precisava almejar sempre autoria e originalidade.

Ele sabia que em algum momento da trajetória teria que decidir se iria ser um contador de histórias frustrado ou um campeão.

O mundo estava repleto de aventureiros das oportunidades perdidas.

Ele sabia que grande decepção ocorria quando pessoas que amava começavam a declarar-se contra verdades nas quais ele acreditava.

Ele sabia que tudo era uma questão de compromissos: assumidos, mantidos, deixados de lado, quebrados.

Ele sabia que uma notícia poderia mudar uma vida; por mais que investisse não tinha como estar preparado para combater esse fato.

A ausência de vontades era a preparação que mais se aproximava de uma tentativa.

Ele sabia que não precisaria se desculpar por estar buscando a sua felicidade.

Ele sabia que uma mudança de domínio poderia clarear tudo.

Ele sabia que sua sina era a caminhada. Não havia um fim perfeito; a perfeição era estar caminhando (com isso conseguia entender o motivo da economia precisar sempre crescer).

Ele sabia que não podia depender da boa vontade alheia em sua busca; à medida que fosse alcançando o que buscava, boas-vontades gratuitas iriam aparecer.

Ele sabia que uma boa frase era como consolo materno em momento oportuno.

Ele sabia que escrever as lições que aprendera era como fazer uma referência futura para si e para os outros.

Ele sabia que a determinação por exclusão era uma forma de chegar a fatos nos quais custávamos a acreditar.

Ele sabia que seus critérios de verificação eram baseados em suas desconfianças nas pessoas.

Ele sabia que contabilizar era diferente de salvaguardar.

Ele sabia que a energia que colocava em seus empreendimentos era a forma que dava às pessoas de identificá-lo.

Ele sabia que apenas saber se a resposta era sim ou se a resposta era não poderia ser insuficiente.

O ser humano carece de motivos, de historinhas contadas que vinham no combo das afirmações e das negações.

Ele sabia que havia uma diferença entre medir e calcular.

Ele sabia que para fazer algo interessante era preciso entender o problema.

Ele sabia que ao final de uma empreitada de sucesso poderia dizer: "apostei tudo e não me arrependo".

Ele sabia que muitas vezes era mais difícil decifrar o caminho do que trilhá-lo; e isso tinha a ver com escolhas.

70

Decidir o que fazer demandava mais energia do que o próprio fazer em si.

Ele sabia que uma das coisas mais puras que as pessoas que ele amava poderiam lhe dizer era: "não se preocupe comigo por me preocupar contigo".

Ele sabia que era perigoso compartilhar riscos, pois isso minava o surgimento de alguém que resolvesse o problema.

Ele sabia que perceber os sinais era um dom daqueles que observavam atentamente e que tinham alguma ligação com o objeto observado.

Uma pessoa que não olhava todos os dias para o céu noturno não conseguiria perceber que o florescer fora de época traria chuva.

Ele sabia que, em certa medida, relevância podia ser relacionada com gargalo.

Uma pessoa relevante em seu campo de atuação poderia tornar-se um gargalo para o progresso do mesmo.

Ele sabia que uma pressa legítima era a pressa da realização; triste seria se partisse desse mundo sem que aqueles que ama soubessem do que era capaz.

Ele sabia que, de alguma forma, precisava exteriorizar suas ideias, seus sentimentos.

Ele sabia que digno de pena era aquele que ouvia dizerem para si: "eu não queria estar na sua pele". Ninguém chegava a dizer isso claramente, mas mostravam com o olhar.

Não querer estar na sua pele significa que a pessoa teme os horrores pelos quais ele estava passando. Muitas vezes ele próprio ficava horrorizado com a sua situação e não acreditava naquilo que lhe acontecera.

Mas a realidade era uma só: não dava para trocar de pele. O melhor lema para a marcha continuava sendo: "não resmungue; aguente".

Ele sabia que o exemplo já havia sido dado; bastava ir e fazer o mesmo.

Ele sabia que o início de um bom caminho traria à sua consciência o quão condenáveis eram os caminhos que vinha percorrendo.

Ele sabia que saber um pouco de tudo era muito útil para uma situação de apuros. Porém, encontrar a graça e resolver problemas envolvia saber muito de pouco.

Ele sabia que situações inevitáveis e acontecimentos imutáveis, apesar de lhe deixarem prostrado sob sua própria fraqueza, eram, em certo sentido, colaboradores no direcionamento de suas ações. Em outras palavras, tornavam (ou, pelo menos, deveriam tornar) mais fácil a aceitação do "deixar para lá".

Paradoxalmente, ele tinha um apego particular por essas situações e acontecimentos, ficando, muitas vezes, preso por vontade.

Ele sabia que um dia sentaria para ler suas memórias; nessa hora, com orgulho, agradeceria a si mesmo por tê-las escrito.

Ele sabia que nos momentos de aflição descobriria coisas que lhe seriam úteis mais tarde.

Ele sabia que cada tempo tinha as suas ocupações. O desafio era encontrar as ocupações certas nos tempos certos ou o tempo certo das ocupações.

Ele sabia que as máquinas eram capazes de realizar, com consistência, aquilo que fora programado. Realizar sem pensar era o seu segredo; já as pessoas, programavam, mas, na hora de realizar, davam para trás.

Assim, em certo sentido, as máquinas eram melhores do que as pessoas. Só que as pessoas tinham criado as máquinas.

Assim, em certo sentido, as pessoas criaram algo melhor do que elas.

Ele sabia que o dever maior era dos professores; porém, os alunos também deveriam ajudar os seus mestres.

Ele sabia que o pensamento do tipo "eu ainda vou ter que pagar muita coisa antes de começar a melhorar" poderia mantê-lo preso aos erros.

Você não tem que pagar nada; eu te perdoo, se você quiser mudar de vida ("Vá e não peques mais!").

Siga em frente. A colheita começa agora; o plantio começa agora.

Ele sabia que as suas juras de amor não entrariam como algo muito valorizado no seu legado.

Para o seu legado contariam mais realizações deixadas em prol da humanidade.

Porém, é difícil viver apenas em função de deixar um legado, pois também precisava viver; e nisso entra o amor. Precisava do amor.

E, mesmo que as suas cartinhas de amor não entrassem no seu legado, talvez precisasse delas na caminhada até a produção do seu legado.

Ele sabia que o seu pensamento utilitarista fazia com que ele não conseguisse pensar em coisas inevitáveis como, por exemplo, a morte.

Várias vezes ele parava para pensar nisso.

As pessoas que não tinham uma visão utilitarista do mundo conseguiam pensar melhor sobre coisas inevitáveis, de uma forma necessária para a humanidade.

Ele sabia que certas coisas, que eram óbvias para si, poderiam não ser tão óbvias para os outros; poderiam não ser óbvias para si mesmo num futuro não tão distante.

Ele sabia que, apesar de ser inseguro, tinha em grande conta seus feitos, suas realizações, sua capacidade física, sua capacidade intelectual.

Ele sabia que os clássicos sempre estariam lá para serem lidos. Por ora, bastava ler aquilo que lhe convinha.

Ele sabia que deveria escrever aquilo que gostaria de ler.

Ele sabia que subversão era uma característica comum dos personagens disruptivos.

Ele sabia que a perda de capacidades deveria ser encarada com serenidade.

Ele sabia que a base para o progresso residia na frase "criar condições para".

Ele sabia que a conquista envolvia, inevitavelmente, a gratidão pelos acontecimentos do percurso.

Ele sabia que o destino nem sempre era linear, mas, com um pouco de trabalho, poderia torná-lo menos não linear.

Ele sabia que algumas pessoas se tornavam livros abertos. Qualquer tarde de conversa com essa pessoa fornece substâncias para uma vida de reflexões.

Ele sabia que na falta de ambiente/pessoas envolvidas com projetos que amava, deveria percorrer o caminho sozinho, em forma de preparação para a hora em que o momento chegasse.

Nem sempre era aceito em todos os cantos em que chegava, porém, na expectativa de ser aceito, de estar entre os seus, ia fazendo seus progressos de maneira solitária.

As companhias ajudavam no progresso; mas a ausência de companhia não era pretexto para ficar parado.

Ele sabia que ter muita coisa para ler trazia o sentimento de expectativa de conhecimento.

Ele sabia que não deveria deixar de fazer diariamente as coisas que lhe faziam bem.

Se gostava de matemática, por que deixava de integrar?

Se gostava de malhar, por que deixava de treinar?

Se gostava de discutir com ela os clássicos, por que deixava de lê-los?

Ele sabia que quando sentia que seu momento "eureka" estava chegando, o maior medo era ter suas ideias roubadas. Por isso a urgência em publicar.

Ele sabia que antes de propor uma alteração era preciso verificar se a alteração proposta já não era coberta por alguma das condições pré-existentes.

Ele sabia que a única maneira de salvar o mundo era incutir na cabeça das pessoas que todos estavam no mesmo barco.

O pensamento do "eu já garanti o meu, o da minha família e agora vou repousar" está causando a ruína da espécie.

# EPÍLOGO

Quando ela disse: "Você é lindo! Com certeza lembraremos um do outro na eternidade!", ele soube que tinha feito por merecer.

# SOBRE O AUTOR

Gabriel Lebre é um pseudônimo do verdadeiro autor. O nome foi escolhido muito modestamente para fazer alusão ao Coelho, mestre peregrino.

Perdão, caro leitor, por não te agraciar com mais informações sobre mim. Sendo fiel aos meus valores (um dos pontos centrais do livro) e às coisas que escrevo, preferi que fosse desse jeito por conta de duas frases do livro, que destaco a seguir:

(1) Ele sabia o motivo pelo qual ia publicar o seu livro de forma anônima: medo de dar errado. Apesar de ter-se em grande conta e acreditar que seus escritos poderiam mudar o mundo, era inseguro. Em sua posição de vítima, acreditava que alguns acontecimentos tinham minado a sua criatividade.

Isso poderia parecer contraditório para um escritor tão disruptivo, mas preferia seguir como um ilustre desconhecido.

(2) Ele sabia que escrever um livro era um passaporte para a solidão. As pessoas do seu círculo de amizades começavam a ficar estranhas quando liam os seus pensamentos escritos nas páginas.

"O livro possui estilo inovador, com todas as frases começando com "ele sabia". Gabriel Lebre me fez entender o verdadeiro sentido do ditado "se ler é pegar emprestado, escrever é pagar a dívida". É muito importante que cada um de nós escreva as suas próprias notas, as suas próprias conclusões sobre a vida; aproveitando o meu fascínio com o livro, já comecei a escrever as minhas." – **Bruno Moussa**


"Um dos livros mais aguardados pelo nosso grupo de estudos das obras de Paulo Coelho." – **Petrus Alves**


"A forma como Gabriel Lebre conduz os leitores por meio de seus "ele sabia" é tão real que, em alguns momentos, pensei que eu mesma poderia ter escrito tais notas. Algumas das frases me fascinaram, por possuírem análogos diretos com experiências de minha vida. Particularmente, para mim que sou órfã, a frase em que ele cita a "união dos bastardos" transmitiu o sentimento de toda uma vida. Bastardos do mundo inteiro, uni-vos!" – **Rindala Souza**

"Numa primeira leitura do livro as frases picadas me pareceram um todo disforme e sem sentido; porém, aos poucos, fui percebendo que naquelas frases residiam significados sutis. Não digo que Gabriel Lebre tenha conseguido atingir o seu objetivo de escrever um tratado sobre vida interior, mas posso afirmar que ele está no caminho. Estou ansioso pelos próximos volumes." – **Tomás Nascimento**


"Um bom livro para as horas difíceis. A forma como as experiências são partilhadas é clara, porém não tão clara a ponto de nos privar do prazer da descoberta." – **Andrea Youssef**


"Apesar de me parecer Universal, a obra possui um toque sutil de religiosidade; tão sutil que para quem nunca leu a Bíblia é difícil perceber.
Um livro obrigatório para aqueles que estão na busca de um dia a dia com mais atenção aos detalhes." – **Leandro Potinhos**